"A maioria dos cristãos sabe que devemos cuidar uns dos outros. Mas poucos de nós sabemos o modo de fazer isso. Ed Welch, experiente conselheiro bíblico e escritor, não apenas nos brinda com o *modo*, mas, como um grande chef, serve-nos um menu de oito pratos concisos, biblicamente verdadeiros e ricamente sábios. Cada breve capítulo pode ser lido em grupo e é acompanhado por questões para discussão que penetram o coração e abrem os olhos. Este é um livro que pode moldar a cultura de nossas igrejas e torná-las lugares seguros de sábio cuidado mútuo. Recomendo-o com entusiasmo!"

Alfred J. Poirier, professor visitante de teologia prática no Westminster Theological Seminary, Glenside, PA, EUA; autor de *O pastor pacificador*

"Um dos meios escolhidos por Deus para auxiliar as pessoas é mediante o cuidado e a preocupação de seus irmãos em Cristo. Em nosso mundo atarefado, com seus relacionamentos superficiais, muitos abandonaram esse chamado e relegaram a profissionais o trabalho que cristãos comuns poderiam estar fazendo para ajudar os outros. Mediante diretrizes práticas e fáceis de seguir, Ed Welch nos mostra como podemos remediar essa situação e transformar nossas igrejas em comunidades de cuidado. Deus pode usar esse tipo de cuidado não apenas para abençoar os cristãos, mas também para atrair aqueles de fora da igreja ao caminho cristão."

Ajith Fernando, diretor de ensino da Youth for Christ, Sri Lanka; autor de *The Call to Joy and Pain*

"Praticamente todo cristão já vivenciou situações embaraçosas na igreja local. Vez ou outra, sentimo-nos ignorados, mal compreendidos ou deslocados. A igreja pode ser o corpo de Cristo, mas nem sempre funcionamos tão bem quanto deveríamos. Em *Aconselhando uns aos outros*, Ed Welch nos oferece um direcionamento completamente bíblico e inteiramente prático para promover interações mais significativas em nossas igrejas. No espaço de oito curtas lições, aprendemos a necessidade de nos aproximar das pessoas e de estar equipados para alcançá-las de maneira amorosa e genuinamente útil. Quer leia este livro sozinho ou o estude em grupo, na última página você estará com as energias renovadas para construir relacionamentos em sua igreja."

Megan Hill, autora de *Orando juntos*; editora do The Gospel Coalition; membro do conselho editorial da *Christianity Today*

"*Aconselhando uns aos outros* é um guia conciso de como ajudar os outros. Este livro contém pérolas de sabedoria bíblica e princípios sólidos, encorajando os leitores a se aproximarem de outras pessoas com toda a humildade, a serem pessoais, a orarem e a conversarem com sensibilidade sobre sofrimento e pecado. Recomendo veementemente a todos os cristãos este livro tão útil."

Siang-Yang Tan, professor de psicologia do Fuller Theological Seminary; pastor efetivo da First Evangelical Church, Glendale, CA, EUA; autor de *Counseling and Psychotherapy: A Christian Perspective*

"Este é um livro curto, mas capaz de gerar um poderoso impacto. Ed Welch nos apresenta um guia acessível para que nossas igrejas cresçam à medida que buscamos cuidar melhor uns dos outros. Amo o fato de que as lições foram elaboradas para ser lidas em voz alta e discutidas entre os membros de igreja. Já estou planejando formar vários grupos de pessoas com quem posso ler este livro em nossa congregação. Compre este livro. Ou melhor, compre uma caixa de livros para distribuir em sua igreja. E, o que é ainda melhor, encontre pessoas em sua igreja com quem possa lê-lo. O impacto deste livro pode produzir efeitos duradouros em nossas igrejas quando buscamos amar uns aos outros de uma maneira que aponte os holofotes para Cristo."

Dave Furman, pastor efetivo da Redeemer Church of Dubai; autor de *Lado a Lado*

"Eu preciso deste livro. Minha igreja precisa deste livro. Minha comunidade local precisa que minha igreja leia este livro. Ed Welch vislumbra um novo tipo de comunidade de cuidado que caminha na dependência da graça de Deus. Com amor e sabedoria centrados em Cristo, ele nos mostra como é essa comunidade e como podemos alcançá-la. Desejo isso para minha família, para minha igreja e para a glória de Deus. Quando se trata de cuidar dos outros, este é o primeiro livro que usarei para animar minha alma, moldar minhas orações e treinar minha igreja."

Ste Casey, tutor de cursos e palestrante da Biblical Counselling UK; pastor da Speke Baptist Church, Liverpool, Inglaterra

"Conciso, bíblico, prático, sábio — se você precisa de ajuda para construir relacionamentos significativos, Ed Welch será seu guia perfeito. *Aconselhando uns aos outros* será leitura obrigatória para todos aqueles que eu treinar."

Deepak Reju, pastor de aconselhamento bíblico e de ministério da família na Capitol Hill Baptist Church, Washington, DC, EUA; autor de *O pastor e o aconselhamento*

*8 maneiras de cultivar relacionamentos
saudáveis dentro da igreja*

Aconselhando uns aos outros

Edward T. Welch

W439a   Welch, Edward T., 1953-
         Aconselhando uns aos outros : 8 maneiras de cultivar relacionamentos saudáveis dentro da igreja / Edward T. Welch ; [tradução: Vinicius Pimentel]. – São José dos Campos, SP: Fiel, 2019.

         Inclui referências bibliográficas.
         ISBN 9788581326016 (impresso)
              9788581326023 (e-book)
              9788581326030 (audio livro)

         1. Relações humanas – Aspectos religiosos – Cristianismo. 2. Cuidados – Aspectos religiosos – Cristianismo. I. Título.
                                                    CDD: 248.4

Catalogação na publicação: Mariana C. de Melo Pedrosa – CRB07/6477

Aconselhando uns aos outros:
8 maneiras de cultivar relacionamentos
saudáveis dentro da igreja

Traduzido do original em inglês
Caring for One Another: 8 Ways to Cultivate
Meaningful Relationships

Copyright © 2018 por Edward T. Welch

∎

Publicado por Crossway Books,
Um ministério de publicações de
Good News Publishers
1300 Crescent Street
Wheaton, Illinois 60187, USA

Copyright © 2018 Editora Fiel
Primeira edição em português: 2019

Todos os direitos em língua portuguesa reservados por Editora Fiel da Missão Evangélica Literária

Proibida a reprodução deste livro por quaisquer meios sem a permissão escrita dos editores, salvo em breves citações, com indicação da fonte.

∎

Diretor: Tiago J. Santos Filho
Editor-chefe: Vinicius Musselman
Editora: Renata do Espírito Santo
Coordenação editorial: Gisele Lemes
Tradução: Vinicius Pimentel
Revisão: Shirley Lima – Papiro Soluções Textuais
Diagramação: Rubner Durais
Capa: Micah Lanier

ISBN impresso: 978-85-8132-601-6
ISBN e-book: 978-85-8132-602-3
ISBN audio livro: 978-85-8132-603-0

Caixa Postal 1601
CEP: 12230-971
São José dos Campos, SP
PABX: (12) 3919-9999
www.editorafiel.com.br

Sumário

Prefácio... 9

Lição 1: Com toda a humildade................... 11

Lição 2: Aproxime-se das pessoas................ 17

Lição 3: Conheça o coração...................... 23

Lição 4: Conheça as influências decisivas....... 33

Lição 5: Seja pessoal e ore..................... 43

Lição 6: Converse sobre sofrimento.............. 51

Lição 7: Converse sobre pecado.................. 61

Lição 8: Lembre-se e reflita.................... 71

Prefácio

Somos *chamados* para cuidar da alma uns dos outros. Desejamos levar ao Senhor nossas lutas e ensinar uns aos outros de modo que a igreja seja fortalecida e o mundo possa testemunhar a sabedoria e o amor.

Porém, como temos uma longa lista de nossos próprios problemas, podemos facilmente achar que é melhor deixar o cuidado com os outros a cargo daqueles que são mais qualificados. Mas o reino de Deus opera de maneiras algumas vezes inesperadas para nós. Aqui, os fracos e humildes são aqueles que fazem o trabalho pesado do cuidado pastoral:

> E ele mesmo concedeu uns para apóstolos, outros para profetas, outros para evangelistas e outros para pastores e mestres, com vistas ao aperfeiçoamento dos santos para o desempenho do seu serviço, para a edificação do corpo de Cristo, até que todos cheguemos à unidade da fé e do pleno conhecimento do Filho de Deus, à perfeita varonilidade, à medida da estatura da plenitude de Cristo (Ef 4.11-13).

Pastores e mestres desempenham seu serviço. Eles também nos treinam para que desempenhemos o nosso serviço. Ao que parece, o Senhor se agrada de usar pessoas comuns, mediante atos de amor supostamente comuns, para que sejam os principais colaboradores no amadurecimento de seu povo. Se você confia em Jesus, e não em si mesmo, e se sente fraco e desqualificado, então você está qualificado. Então você foi *chamado*.

O objetivo dessas oito lições é ajudar a moldar a cultura de sua igreja de modo que o aconselhamento e o cuidado mútuo da alma se tornem características naturais da vida diária do corpo. As lições são curtas, porém cheias de teologia essencial e repletas de possíveis aplicações. Essas lições foram pensadas para ser lidas em voz alta, em grupo (os participantes não precisam ter lido nada de antemão).

Lição 1

Com toda a humildade

Nossa utilidade — nosso cuidado com as almas — começa por nossa necessidade de cuidado. Precisamos de Deus e precisamos de outras pessoas. Nosso objetivo é a maturidade que vem pela dependência. Como um meio de pôr essa humildade à prova, pedimos por oração. Isso contribuirá para uma cultura de igreja mais unida e menos autodefensiva.

Imagine um grupo interconectado de pessoas que confiam umas nas outras. Você pode falar de sua dor, e alguém responde com compaixão e oração. Você pode falar de suas alegrias, e alguém se alegra com você. Você pode até mesmo pedir ajuda em sua luta contra o pecado, e alguém ora com você; oferece auxílio e encorajamento a partir da Escritura; e permanece ao seu lado até que o pecado pareça não mais estar em vantagem sobre você. Há franqueza, liberdade, amizade; os fardos são compartilhados; dá-se e recebe-se sabedoria. Nada de conselhos banais. E Jesus está no centro de tudo isso.

Nós queremos mais disso.

Quando viemos a Jesus, ele nos perdoou e nos lavou para que pudéssemos falar abertamente, sem vergonha; ele nos amou para que pudéssemos amá-lo e amar os outros livremente; e ele nos deu sabedoria e poder de seu Espírito para que pudéssemos ajudar uns aos outros, de modo a edificá-los e dar-lhes esperança. Em honra a ele e na força dele, desejamos crescer até a estatura de um corpo de Cristo maravilhosamente interdependente, sábio e amoroso — um corpo no qual possamos ajudar uns aos outros nos tempos de dificuldade.

O apóstolo Paulo faz da humildade uma prioridade

Em Efésios 3, Paulo realmente orou para que fôssemos esse tipo de comunidade (vv. 14-21). Ele também nos ensinou como alcançar isso:

> Rogo-vos, pois, eu, o prisioneiro no Senhor, que andeis de modo digno da vocação a que fostes chamados, com toda a humildade e mansidão, com longanimidade, suportando-vos uns aos outros em amor, esforçando-vos diligentemente por preservar a unidade do Espírito no vínculo da paz (Ef 4.1-3).

Agostinho escreveu: "esse primeiro caminho [para a verdade] é a humildade; o segundo caminho é a humildade; e o terceiro caminho é a humildade".[1] Se a humildade não precede nossa sabedoria e auxílio, nossos esforços não têm sentido. Ao

---

1 Augustine, *Letters 100-155*, vol. 2, *The Works of Saint Augustine: A Translation for the 21st Century* (Hyde Park, NY: New City Press, 2003), Letters 118, 116.

que parece, Paulo concordaria com isso. A vida em Cristo começa com humildade.

A humildade simplesmente reconhece nossos muitos pecados e limitações e, então, responde da seguinte forma: "Eu preciso de Jesus e preciso de outras pessoas". Trata-se de um belo pacote que inclui a confiança no controle de Deus, a certeza do perdão e do amor do Senhor e uma franqueza que provém de descansar em Jesus, e não de ter de *ser* alguma coisa. Acontece que o simples reconhecimento de nossas necessidades e fraquezas abre as portas para a graça de Deus, na qual encontramos confiança, paz, segurança, sabedoria, força e liberdade nele.

A humildade conduz à oração

Esta é uma maneira de pôr a humildade em ação: peça a alguém para orar por você. Deus estabeleceu seu reino na terra de tal modo que nós temos de pedir ajuda. Nós pedimos ajuda ao Senhor e também a outras pessoas. Até que o vejamos face a face, Deus opera por meio de seu Espírito e de seu povo.

Isso apenas *parece* fácil. Uma coisa é pedir ajuda ao Senhor. Mesmo que nossa fé seja especialmente fraca, temos ouvido que ele acolhe e ouve nossos clamores por socorro (Sl 62.8), de modo que estamos dispostos a arriscar um pouco de franqueza diante dele. Outra coisa muito diferente é pedir ajuda a um amigo. Nosso orgulho nos impede de sermos vulneráveis. E o que é pior: se, alguma vez, você confiou em alguém e recebeu comentários maldosos ou, no mínimo, nada encorajadores, talvez tenha decidido imediatamente não deixar tal fato acontecer de novo — o que significa que você guarda seus problemas para si mesmo. Essa estratégia autodefensiva pode parecer eficaz no curto prazo. Não é, porém, a maneira como Deus nos criou para que possamos agir uns com os outros, de sorte que isso fatalmente conduzirá à miséria, e não à segurança. Em vez dessa estratégia, optamos por um caminho melhor. A seguir, esboçamos o processo de como pedir por oração.

1. Identifique o problema em sua vida

Sempre temos um problema batendo à porta. Em geral, a lista de problemas inclui dinheiro, trabalho, relacionamentos, saúde, além de questões especificamente ligadas ao nosso conhecimento de Jesus e à forma de viver para ele e com ele.

2. Conecte um problema específico à Escritura

Ao conectar seus problemas à Escritura, você está ligando sua vida às promessas, graças e aos mandamentos de Deus. É preciso tempo para desenvolver essa habilidade, em face da extensão das Escrituras, mas você provavelmente conhece a essência do que Deus diz:

> "Às vezes é difícil para mim até mesmo orar pelas dificuldades da minha vida. Você pode orar para que eu entenda – profundamente, em meu coração – que Deus se importa comigo e me convida a derramar o meu coração diante dele?" (Sl 62.8)
>
> "Estou doente há algum tempo e me inclino a ficar tão desencorajado! Você pode orar para que eu seja capaz de correr para Jesus sempre que me sentir particularmente desanimado?" (2Co 4.16-18)
>
> "Tenho sido ríspido com meu cônjuge nas últimas sema-

nas. Você pode orar para que eu viva com humildade e gentileza à medida que tentamos conversar sobre assuntos difíceis?" (Ef 4.1)

"Estou tão frustrado com minha filha que meu desejo de ser respeitado tornou-se maior que meu desejo de ser paciente e demonstrar-lhe bondade. Você pode orar por mim?" (1Co 13.4)

"Ultimamente, o gerente do meu departamento tem sido crítico e rude. Eu nem sei o que pensar sobre tudo isso. Você pode me dar algumas ideias de como orar?" (Rm 12.18)

Se não sabe como orar, peça a outros que ajudem você a estabelecer conexão entre suas necessidades e a Palavra de Deus.

A vontade de Deus é que peçamos ajuda tanto a ele como a outras pessoas. Quando agimos assim, damos um passo importante para nos tornar aptos a ajudar os outros, pois os melhores auxiliadores são os necessitados e humildes. E, ao longo do caminho, abençoamos nossa comunidade e influenciamos os outros para que também sejam necessitados, francos e vulneráveis.

Discussão e respostas

1. Alguma vez, você pediu a outra pessoa que orasse por você? Como isso terminou?

2. Pratique estabelecendo conexão entre suas necessidades e as promessas de Deus. Se possível, identifique especificamente a passagem da Escritura, mas isso não é indispensável para começar. Você pode praticar com suas próprias necessidades ou usar as seguintes situações:

- Problemas de saúde
- Temores financeiros
- Dificuldades de relacionamento

3. De que maneiras você espera crescer para se tornar necessitado? A quem você poderia pedir por oração?

4. Separem algum tempo para orar juntos.

Lição 2

Aproxime-se das pessoas

Deus toma a iniciativa e se aproxima de nós; nós tomamos a iniciativa e nos aproximamos de outras pessoas. Esse é um ensino simples com incontáveis aplicações.

O Senhor Deus sempre dá o primeiro passo.

> Porque assim diz o SENHOR Deus: Eis que eu mesmo procurarei as minhas ovelhas e as buscarei (Ez 34.11).

Essa seção de Ezequiel é sobre o povo de Deus que havia abandonado seu verdadeiro Pastor, vindo a ser abusado por seus líderes. Embora as ovelhas não demonstrassem nenhuma inclinação de se voltar para o Senhor, ele busca as perdidas, traz de volta as desgarradas e fortalece as enfermas (vv. 11-24). Sua misericórdia e compaixão abrem o caminho.

A história tem muitas outras variações. Pense em Oseias buscando e cuidando de sua esposa rebelde, de modo persistente, embora discreto e até mesmo anônimo. Ele agiu assim como uma forma de ilustrar o obstinado amor de Deus. Pense em Jesus e em como tomou a rota mais improvável a fim de alcançar uma mulher samaritana marginalizada (Jo 4). Lembre-se de quando ele discorreu sobre sua busca daquela ovelha perdida (Lc 15.4-6). Ele toma a iniciativa, especialmente para com os necessitados, mesmo que seja apenas um.

Os reis *recebem* pessoas. Eles consentem em dar a você uma audiência de cinco minutos, ao fim dos quais você deve retirar-se. Os reis não aparecem na sua casa nem alteram sua rota para ajudar você. Mas tudo muda quando o rei Jesus vem. Esse rei deixa os aposentos do palácio e vai encontrá-lo.

Jesus vem a nós, nós vamos uns aos outros

Todas as histórias bíblicas do Senhor se aproximando das pessoas são histórias da graça. Graça é Deus se aproximando de nós em Cristo. Ele veio a nós não porque o tenhamos convidado adequadamente e tomado o primeiro passo em nossa autorreforma; nós simplesmente estávamos enfermos e necessitávamos dele. Pior: éramos inimigos sem intenção de nos render.[1]

É ele quem diz primeiro: "Eu amo você", até mesmo quando respondemos dando de ombros ou com voz de indiferença: "Ah, obrigado...". E nisso descobrimos por que nossa aproximação das pessoas pode ser difícil: aquele que toma a iniciativa no relacionamento — aquele que ama mais — é quem se arrisca a ser humilhado.

---

1 "Porque, se nós, quando inimigos, fomos reconciliados com Deus mediante a morte do seu Filho, muito mais, estando já reconciliados, seremos salvos pela sua vida" (Rm 5.10).

Porém, imagine isto. Você crê que Jesus vem até você. Você está abandonando as antigas mentiras de que ele não se importa com você e de que você foi esquecido. Por causa de Jesus, você deixa de procurar o indivíduo mais fácil de conversar quando as pessoas se reúnem. Em vez disso, você se aproxima das pessoas mais caladas, do cara novo, dos deslocados. Imagine um grupo de pessoas que se aproximam umas das outras — ativamente mais que passivamente, amando mais do que temendo a rejeição. Tais pessoas parecem gloriosas; elas chamam a atenção do mundo. Esse é um exemplo do que o apóstolo Paulo chama *revestir-se de Cristo*, e é uma evidência do Espírito de Cristo operando em nós.[2]

Ao vislumbrar como crescer na capacidade de se aproximar das pessoas, pense naqueles que enfrentaram sofrimentos na vida. Por exemplo, certa vez, um homem compartilhou num pequeno grupo que o último ano fora o mais difícil de sua vida. Em resposta, ninguém disse palavra alguma. Ninguém jamais o procurou. Ninguém perguntou: "Por favor, fale mais a respeito. Como você está agora? Como posso orar por você?". Ninguém. Não causa surpresa que tal homem tenha guardado tudo para si mesmo pelos dez anos seguintes.

Com muita frequência, silenciamos diante dos problemas dos outros. Silenciar é o mesmo que virar as costas.

Jesus ouve, nós ouvimos

Então nos aproximamos das pessoas. Os extrovertidos entre nós fazem parecer que é fácil. Os mais tímidos podem sentir-se intimidados pelo potencial embaraço ou pelo silêncio. Mas essa

---

2 Veja Romanos 13.12, 14; Gálatas 3.27.

aproximação amorosa não é fácil nem natural para ninguém. Todos nós precisamos tanto de humildade como do auxílio da Escritura, para que possamos vencer os estágios iniciais de uma conversação proveitosa. Esses passos iniciais podem ser descritos da seguinte forma:

- O Senhor nos chama de sua família, então nos cumprimentamos calorosamente.
- O Senhor nos conhece pelo nome, então aprendemos o nome de alguém.
- O Senhor conhece detalhes aparentemente irrelevantes a nosso respeito, como, por exemplo, o número de fios de cabelo em nossa cabeça, então nos interessamos pelos detalhes. Essa pessoa é nova em seu grupo? Onde ela mora? Com quem mora? Ela trabalha, estuda, é dona de casa?

As respostas podem nos surpreender. Afinal, a maioria das pessoas não ouve essas perguntas, então podemos esperar muito mais do que informações básicas. Podemos ouvir sobre eventos dignos de celebração ou sobre sofrimentos pessoais.

Os eventos bons e prazerosos podem ser um trabalho realizado com sucesso ou um novo relacionamento. Mas aí também se incluem bens mais profundos, como, por exemplo, quando vemos no outro algo do caráter de Deus — no modo como ama sua família e seus amigos, como serve, cuida ou persevera na tribulação.

Mas também haverá inúmeros problemas, tais como doenças (da própria pessoa, de seus familiares e amigos), injustiças no trabalho ou relacionamentos rompidos.

Em resposta, nós *ouvimos*. Isso significa que prestamos atenção, nos interessamos e somos afetados por aquilo que as pessoas dizem. Nós participamos, de alguma maneira singela, dos deleites das coisas boas e dos fardos das coisas difíceis. O roteiro para trazer à tona esses assuntos importantes pode ficar bem confuso (e falaremos mais sobre isso adiante), porém estamos certos disto: sempre há mais a descobrir.

> Como águas profundas, são os propósitos do coração do homem, mas o homem de inteligência sabe descobri-los (Pv 20.5).

Esperamos ser essa pessoa de inteligência. Mas isso só pode ocorrer se nos aproximarmos das pessoas como Jesus se aproximou de nós.

Discussão e respostas

1. Alguma vez, alguém já se aproximou de você com interesse genuíno em sua vida? Como essa pessoa fez isso? De que maneira essa atitude foi encorajadora para você?

2. Esperamos ser motivados pelo modo como Jesus nos tratou. Como você diria que Jesus se aproximou de você?

3. Por que talvez você se mostre relutante em se aproximar das pessoas?

4. Como você espera dar o primeiro passo para se aproximar das pessoas, hoje e nesta semana?

Lição 3

Conheça o coração

Conhecer o coração é conhecer a pessoa. Nosso interesse em ajudar uns aos outros nos conduz para além das meras conversas triviais e nos leva até o domínio do coração. Um mapa claro desse terreno pode enriquecer todos os nossos relacionamentos.

Alguém lhe pergunta: "Como vai você?".
Você responde: "Bem, obrigado. E você?".
Esses são cumprimentos agradáveis.
Porém, quando alguém lhe pergunta: "Como vai você?", e interrompe tudo o que está fazendo e se senta para ouvir, então você fica propenso a falar algo mais.

Eventos e circunstâncias da vida

Inicialmente, *mais* pode significar um simples relato dos eventos daquele dia.
Um pai pergunta à sua filha de 12 anos: "Como foi seu dia na escola?".
"Foi normal."
"Fale-me um pouco mais sobre isso."

"Tive aula de matemática, depois história e, então, o recreio." Isso já é um começo, mas não queremos que nossas conversas abranjam *apenas* eventos. Temos a percepção de que há algo mais profundo. Queremos saber o que é importante para a outra pessoa, e isso nos leva àquilo que a Escritura chama de *coração*.[1]

Assuntos do coração

O coração pode ser encoberto e difícil de conhecer. Preferimos esconder os pensamentos menos atraentes que há nele, assim como algumas de suas feridas. Mas, quando nos dispomos a ser um pouco mais vulneráveis e outras pessoas tratam nosso coração com cuidado, descobrimos que o fato de conhecermos e de sermos conhecidos faz parte do que foi planejado para nós. Esse tipo de conversa é prazerosa e essencial quando estamos dispostos a cuidar, ajudar e encorajar uns aos outros de maneira eficaz.

Pense que o coração possui várias camadas e profundidade. Ele é comparado às raízes de uma árvore (Jr 17.5-8), a águas profundas (Pv 20.5) e a um tesouro que devemos procurar (Mt 6.20). Tendo em vista que o coração é bastante ocupado, sempre há mais a descobrir, embora às vezes seja preciso dedicar tempo e confiança para extrair algo dele.

Desejos naturais

Você sabe que entrou no coração quando descobre necessidades, afeições ou desejos. Nele, armazenamos aquelas coisas que são mais importantes para nós.

---

1 Tendo em vista que o coração é tão importante, a Escritura conta com um rico vocabulário para ele, com palavras tais como *alma, mente, espírito* e *homem interior*. Cada palavra apresenta uma ênfase ligeiramente diferente, mas todas identificam esse centro de nosso ser.

Desejamos descanso e saúde para nosso corpo,
o melhor para os amigos e familiares,
proteção contra os inimigos,
um trabalho que seja significativo,
vidas que façam a diferença,
paz,
amor.

Esses desejos do coração são importantes para o Senhor; e ele nos convida a derramar nosso coração diante dele (Sl 62.8). É assim que seu amor opera. Ele compartilha os prazeres e as dores de seus amados. O Senhor nos *ouve* no pleno sentido do termo. Ele ouve e age. Ele nos convida a falar e responde com compaixão, com lembretes de sua fidelidade no passado e com a certeza de suas promessas.

Então, como nossa resposta a ele, nós fazemos o mesmo uns com os outros. Encorajamos as pessoas a falar. Entramos no mundo de outra pessoa. Ouvimos sobre aqueles assuntos que são mais importantes para ela. Ouvimos e seguimos o rastro de suas emoções, porque é lá que encontramos as necessidades e os desejos.

"Quais foram os melhores momentos do seu dia?"
"O que foi especialmente difícil?"

Perguntas assim nos põem na direção correta. Conduzem--nos aos desejos naturais que foram satisfeitos ou frustrados e, em geral, são o primeiro passo para chegar ao coração.

Desejos morais

Logo abaixo de nossa tempestade de desejos, está a direção moral de nossa vida:

O homem bom do bom tesouro do coração tira o bem, e o mau do mau tesouro tira o mal; porque a boca fala do que está cheio o coração (Lc 6.45).

Um amigo me perguntou: "Como está seu coração?".
Observe como ele estava indo mais a fundo. Ele estava interessado especificamente em como meus desejos estabelecem o curso moral ou espiritual da minha vida.

Aqui, descobrimos que nosso coração pode estar firme, inabalável, limpo, contrito e puro, ou dobre, corrupto, endurecido e cheio de insensatez.

Em outras palavras, aquele homem estava essencialmente perguntando: "Como você tem travado suas batalhas espirituais? Como tem lidado com as tentações da vida?". Em geral, só permitimos acesso a esses lugares do coração em relacionamentos mais consolidados e marcados pelo amor.

Desejos por Deus

Nossa direção moral se fundamenta, é claro, em uma pessoa. A direção do nosso coração nunca se resume a guardar a lei ou quebrá-la. Em nosso coração, conhecemos nosso Deus Criador (Rm 1.19-21; 2.14-15) e toda a nossa vida existe em referência a ele:

> Quando violamos sua lei, desonramos seu nome e nos apartamos dele.
>
> Quando amamos os outros, honramo-lo e o amamos.
>
> Quando sentimos medo, precisamos conhecê-lo e conhecer sua presença mais profundamente.

Quando nos iramos, viramos as costas para ele e vivemos para nossos desejos acima de tudo o mais.

Quando nos envergonhamos, voltamos as costas para ele porque cremos na mentira de que ele virou as costas para nós.

Todos vivemos perante a face de Deus, quer estejamos cônscios disso, quer não. A vida é intensamente pessoal. Ele nos busca e nos convida a conhecê-lo por meio de Jesus — é isso que está no coração *dele*. Nós, por outro lado, podemos responder de duas maneiras. Nosso desejo piedoso pode ser despertado para ouvir e conhecer Jesus, vir a ele, engajarmo-nos na obra de seu reino e falar com ele. Ou nosso desejo egoísta pode apegar-se a outros deuses e reinos que consideramos mais valiosos. Em outras palavras, ou confiamos nele, ou confiamos em nós mesmos e nos objetos de nossa afeição. Ou nos dirigimos a ele, ou para longe dele.

Nas profundidades de nosso coração, a questão importante não é tanto *o que* amamos, mas *quem* amamos.[2]

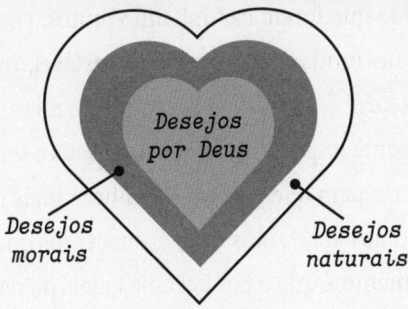

---

[2] Como resultado, nosso coração pode alegrar-se no Senhor, confiar nele, amá-lo e adorá-lo, ou virar as costas para o Senhor, ser obstinado e rebelde, preferir o mundo e as concupiscências da carne e adorar ídolos.

Conheça e alegre-se

É assim que podemos adentrar mais profundamente na vida de uma pessoa:

1. Pergunte: "Como vai você?" e, então, siga o rastro das emoções fortes. Essa é a porta de entrada do coração e é aqui que começa o auxílio mútuo. Ouvimos sobre as alegrias e as tristezas, as esperanças e os temores, e nos interessamos por tudo isso.

2. Alegre-se naquilo que é bom. Estamos em busca de "amor, alegria, paz, longanimidade, benignidade, bondade, fidelidade, mansidão, domínio próprio" (Gl 5.22-23) e outras qualidades de caráter que se pareçam com Jesus. Quando vemos ou ouvimos esses reflexos de Cristo, regozijamo-nos neles, ressaltando-os e simplesmente nos *agradando* da pessoa.

3. Tenha compaixão quando há aflições, e haverá muitas (Jo 16.33). Quanto mais você caminhar com alguém, mais aflições ouvirá. Queremos crescer em compaixão ao ouvi-las.

4. À medida que forem caminhando juntos, você pode descobrir um fundamento espiritual instável, que seja uma mistura de fé em Jesus e autoconfiança. A essa altura, é especialmente importante falar sobre Jesus e seu amor, bem como orar para que o outro o conheça mais plenamente. Quando nos apartamos dele, esquecemos quem ele é, e o mandamento é que o conheçamos mais plenamente.

Todos nós somos santos, sofredores e pecadores que esperam ser mais transparentes uns com os outros. Você também deve ser sincero em relação às suas afeições quando alguém lhe perguntar. Queremos conhecer os outros e também ser conhecidos por eles.

Discussão e respostas

1. A seguir, você encontra um diagrama útil. Bem no centro, está o coração. O primeiro círculo em volta do coração representa o corpo. Juntos, ambos constituem a pessoa de fato. Ao se afastar do centro, os outros círculos concêntricos são exemplos das influências que moldam nossa vida. Os círculos mais interiores incluem as influências que podemos ver, enquanto os círculos exteriores contêm aquelas menos visíveis. A seta sugere que nosso coração é *afetado* por todas as circunstâncias da vida (a seta vem a nós) e também que *interpreta* toda a vida (a seta sai de nós). De fato, estamos completamente ocupados.

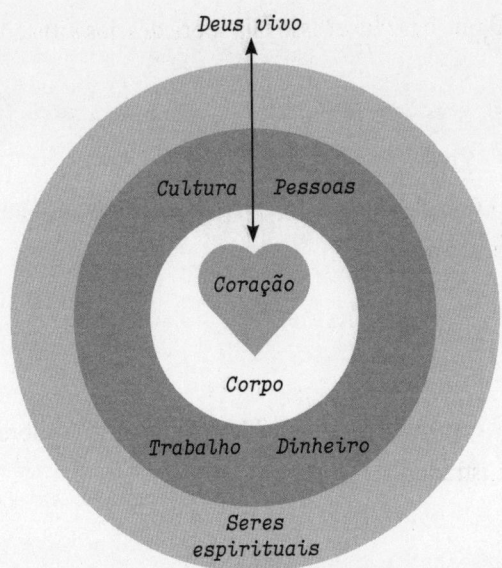

Como esse diagrama de autoconhecimento lhe permite compreender sua própria alma?

Que perguntas você possui?

2. Que perguntas o ajudam a adentrar em seu próprio coração?
- O que você ama? Isso fala sobre os objetos de seu desejo.

- O que o faz feliz? Isso fala sobre desejos satisfeitos.

- O que o deixa triste? Isso fala sobre desejos adiados ou frustrados.

- O que o deixa irritado? Isso também fala sobre desejos frustrados.

- O que você teme? Isso fala sobre desejos em risco.

Queremos praticar em nossa própria vida e crescer em transparência diante do Senhor. À medida que vamos crescendo no entendimento de como nosso coração funciona, podemos aprender a adentrar mais profundamente na vida de outra pessoa.

3. Exercite a habilidade de ver o bem — não apenas as circunstâncias boas, mas a bondade moral. Observe quando a pessoa é paciente ao ser maltratada, bondosa ao ser tratada com rudeza, perdoadora, gentil e capaz de dizer não aos desejos apóstatas. Em regra, você deve buscar ver essas coisas antes de falar sobre assuntos mais difíceis.

- Nos últimos dias, quais coisas boas você viu em outras pessoas?

- Por que é importante ver o bem?

Lição 4

Conheça as influências decisivas

Para podermos ajudar os outros sabiamente, desejamos conhecer o coração e as influências mais significativas sobre o coração. Entre essas muitas influências, estão dois representantes em particular: as outras pessoas e nosso corpo físico.

Nosso coração sempre está tramando alguma coisa. Como é de se esperar, sempre há uma atividade incessante em torno daquelas coisas que são importantes para nós. Amamos, aborrecemo-nos, planejamos, descansamos, evitamos, adoramos, escondemo-nos e muito mais. Ao mesmo tempo, o mundo à nossa volta também é incansável e ativo. Perdemos um emprego, irritamos nosso cônjuge, nosso carro quebra. Somos convidados para almoçar, recuperamo-nos de uma doença, somos amados. A vida sempre se apresenta a nós com coisas difíceis e coisas boas. Para podermos conhecer e ajudar uns aos outros, devemos nos estabelecer bem perto daquele lugar no qual o mundo e o coração de uma pessoa se encontram.

Observe no diagrama que a seta se move nos dois sentidos entre todas aquelas coisas que há fora de nós e nosso coração. Nosso corpo, nosso trabalho, nossa saúde, nossa cultura, as outras pessoas e até os poderes espirituais estão, todos, envolvidos em transações com nosso coração, seja desafiando nossas crenças, seja confirmando-as. Deus, é claro, está acima e em meio a tudo isso, e é a voz dele que desejamos ouvir mais claramente.

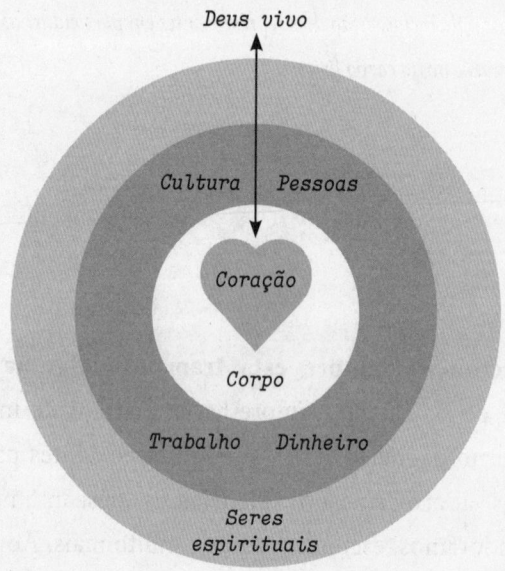

É impossível conhecer plenamente o número completo de influências sobre o coração. Nossa meta é identificar aquelas influências que se têm revelado mais importantes. Entre aquelas que sempre encabeçam a lista, estão o impacto exercido por outras pessoas e os efeitos das fraquezas de nosso corpo e cérebro.

Pessoas curam, pessoas ferem

As pessoas exercem o impacto mais óbvio em nossa vida. Podemos ser paupérrimos, mas julgamos a vida por nossos relacionamentos. Quando temos a riqueza de bons amigos e família, a vida é bela. Quando estamos isolados e solitários, não há dinheiro que possa compensar tamanho sofrimento. Quando somos rejeitados ou abusados, parece que as consequências desses abalos não têm fim. Nossos relacionamentos nos abençoam, e também nos amaldiçoam.

O Salmo 133 exalta a bênção da unidade.

> Oh! Como é bom e agradável
> viverem unidos os irmãos!
> É como o óleo precioso sobre a cabeça,
> o qual desce para a barba,
> a barba de Arão,
> e desce para a gola de suas vestes (vv. 1-2).

Ao mesmo tempo, a maioria dos salmos identifica a dor do isolamento; de amigos que agem como inimigos; de inimigos que agem como tais; além do fardo da injustiça.

Sabemos que Deus está operando em meio a relacionamentos difíceis, abusos e opressão. O êxodo dos israelitas do Egito começou porque Deus estava respondendo aos gemidos dos escravos, embora eles nem sequer estivessem clamando a Deus. O próprio Jesus, nosso Grande Sumo Sacerdote, adentrou este mundo de incompreensões e violência quando "se torn[ou] semelhante aos irmãos, para ser misericordioso e fiel sumo sacerdote", aquele que age em favor dos aflitos e maltratados (Hb 2.17).

Contudo, assim como Deus opera, Satanás também opera. Sabemos que Satanás usa tais dificuldades para levantar dúvidas acerca do cuidado e da compaixão de Deus. Será que Deus realmente se importa? Será que um bom pai deixaria que seus filhos passassem por coisas assim? Todas essas circunstâncias dolorosas podem provocar um estrondo de vozes dissonantes, as quais revelam ou esmagam nosso coração; e nossas respostas também podem ser dissonantes:

- Podemos confiar no poder e na justiça de Deus e permanecer agradecidos.
- Podemos tornar-nos amargos e assumir as rédeas da situação.
- Podemos permanecer confiantes no amor de Deus, por termos os olhos fitos em Jesus.
- Podemos acreditar que Deus está distante e indiferente à nossa dor.

Auxiliadores devem caminhar com cautela nesse ponto. Essas respostas revelam questões importantes, porém, ao cuidar de outras pessoas, em geral não devemos ir diretamente a essas respostas do coração. Em vez disso, detemo-nos nos relacionamentos que têm sido dolorosos. Não começaríamos uma conversa com Jó dizendo: "Como você respondeu, diante do Senhor, à morte de seus filhos e a suas próprias dores e sofrimentos?". Essas perguntas demonstram falta de compaixão e são, quase sempre, desnecessárias.

Isso não significa que devemos evitar falar sobre o Senhor, mas apenas que devemos caminhar com cautela rumo ao coração de outra pessoa. O melhor auxílio é aquele que apresenta Cristo sempre e sem demora. Quando ouvimos relatos de circunstâncias e relacionamentos devastadores, desejamos auxiliar uns aos outros a falar desses problemas ao Senhor, a rogar por sua força e compaixão e a ter certeza de seu amor fiel.

Quando ouvimos relatos sobre os relacionamentos saudáveis de outras pessoas, partilhamos da bênção juntamente com elas. Quando ouvimos narrativas de relacionamentos difíceis, prestamos atenção, expressamos o desejo de ouvir mais e perguntamos de que maneiras podemos orar.

Nossos corpos são fortes, nossos corpos são fracos

O impacto de outras pessoas sobre o coração só se compara ao impacto de nosso corpo. Nós *somos* nosso corpo, mas ele também age como uma espécie de influência sobre nosso coração, semelhante à maneira como as pessoas agem. Por isso, no diagrama, o corpo é representado como um círculo, o que sugere que, embora ele *seja* quem somos, também nos afeta. Problemas de saúde, por exemplo, são sentidos como algo que *acontece* a nós e estão entre as circunstâncias mais importantes que nos acometem.

"Como vai sua saúde?", essa é uma das saudações mais comuns no mundo inteiro.

"Você pode orar por cura?", esse é um dos nossos pedidos de oração mais comuns.

Nós somos seres físicos e sempre seremos. Virá o tempo em que nosso corpo será renovado, mas, por ora, ele pode experimentar muito mal-estar. Em sua melhor forma, nosso corpo — e nosso cérebro — é forte e saudável. Tudo parece funcionar bem e não há dores nem doenças que exigem nossa atenção. Por outro lado, nosso corpo pode ficar fraco e desfalecido; nessas situações, torna-se motivo de preocupação e atrapalho em nossas atividades diárias. O apóstolo Paulo resume isso da seguinte forma:

> [...] mesmo que o nosso homem exterior [nosso corpo] se corrompa, contudo, o nosso homem interior [nosso coração ou nossa alma] se renova de dia em dia (2Co 4.16).

Nosso alvo é conscientizarmo-nos, cada vez mais, dessas forças e fraquezas físicas.

Todos conhecemos algo acerca das fraquezas do corpo. Sabemos o que é um problema de visão, uma dor crônica, um infarto ou uma fratura. Contudo, assim como ocorre em nosso conhecimento uns dos outros, desejamos saber mais a esse respeito. Por exemplo, considere a maneira como organizamos nossa vida. Algumas pessoas são capazes de identificar claramente os passos necessários para alcançar determinado objetivo; outras agem de modo mais improvisado. Esse processo ocorre por meio de forças ou fraquezas físicas — ou seja, relacionadas ao cérebro. Algumas pessoas dispensam extrema atenção aos detalhes; outras enxergam o cenário mais amplo, mas ignoram as particularidades. Isso também pode resultar de diferenças cerebrais.

Estudos recentes sobre a relação entre cérebro e comportamento têm ampliado a compreensão de certos problemas desafiadores, como, por exemplo, a demência em adultos e as diferenças no aprendizado das crianças. Avanços recentes na psiquiatria moderna nos têm alertado para a interdependência entre nosso pensamento, nossas emoções e o funcionamento do cérebro. Não precisamos ser especialistas nessas áreas do saber, mas desejamos aprender o que for possível, receber auxílio daqueles que têm mais experiência e ter uma atitude humilde diante da complexidade humana.

Quando ouvimos que alguém goza de boa saúde, devemos nos alegrar por tal bênção na vida dessa pessoa; quando ouvimos acerca de deficiências e doenças, devemos demonstrar o desejo de compreender melhor, ter compaixão e orar por ela.

- Agradecemos pela boa saúde.
- Oramos pela cura no curso da enfermidade.
- Oramos por uma fé renovada em meio à enfermidade.

Aqui está uma regra geral: quanto mais você entender as fraquezas físicas de alguém, mais paciente será com essa pessoa.

O poder das circunstâncias

As circunstâncias da vida não têm o poder de nos afastar de Jesus ou de nos levar a amá-lo mais — isso está sob a jurisdição do coração. Mas elas *podem* tornar a vida mais fácil ou mais triste e podem ser testes muito duros que revelam coisas surpreendentes sobre aquilo que antes estava escondido em nosso coração. Quando andamos por caminhos sinuosos em tempos difíceis, descobrimos que nosso coração é mais iracundo e complicado do que imaginávamos.

Por tal razão, devemos dar ouvidos à interseção entre vida e coração. Nesse ponto, descobrimos que aquelas pessoas aparentemente tão ásperas e distantes foram feridas, e que a bondade delas só aparece se cavarmos um pouco; ou podemos descobrir que os medrosos são os gigantes espirituais em nosso meio, e que os violentados que falam abertamente sobre isso estão entre os mais corajosos de nós. Dentro de cada pessoa, há abismos e recessos infindáveis. Nós temos o privilégio de compartilhar e conhecer alguns desses lugares. Embora jamais possamos conhecer uns aos outros de forma exaustiva, podemos conhecer uns aos outros correta e verdadeiramente.

Discussão e respostas

1. Influências incontáveis moldam nossa vida: pessoas, corpo e cérebro, educação, clima, cultura local, liderança política, etnia e guerras. Qual foi a influência proeminente em sua vida? Como foi capaz de afetar seu coração?

2. Nossa geração tem sido mais cuidadosa ao descrever as diferenças relacionadas ao funcionamento do cérebro dos indivíduos. Quais dessas diferenças têm sido úteis em sua compreensão de si mesmo e dos outros? De que maneira conhecer as fraquezas físicas peculiares a alguém contribuiu para sua paciência e seu amor por essa pessoa?

3. O Salmo 130 é um exemplo de como podemos nos mover naturalmente das circunstâncias para o coração:

> Das profundezas clamo a ti, SENHOR.
> Escuta, Senhor, a minha voz;
> estejam alertas os teus ouvidos
> às minhas súplicas.
> Se observares, SENHOR, iniquidades,
> quem, Senhor, subsistirá?
> Contigo, porém, está o perdão,
> para que te temam (vv. 1-4).

Fossem quais fossem as circunstâncias do salmista, eram extremas. A experiência aqui descrita é o mais próximo que se pode chegar da morte quando ainda se está vivo. Mas ele dirige suas súplicas ao Senhor. Ele se lembra disto: se o Senhor, em seu amor e bondade, perdoa seus inimigos, então podemos ter certeza de que estará conosco em nossos tempos de necessidade.

Não negamos os sofrimentos da vida. Em vez disso, desejamos falar a esse respeito ao Deus que ouve, lembrar suas promessas e seu amor fiel e crescer em confiança nele.

Reserve um tempo para orar e pedir que sejamos capazes de falar salmos semelhantes a este.

Lição 5

Seja pessoal e ore

Talvez pensemos que o verdadeiro auxílio vem por meio de novos e dramáticos insights; apesar disso, na maioria das vezes, tende a vir das maneiras mais comuns. O auxílio vem por meio de nosso envolvimento pessoal uns com os outros, de nosso foco em Cristo e da oração.

A seguir, mais uma vez, está o diagrama do coração envolto por inúmeros círculos.

Trata-se de uma estrutura simples, mas que nos oferece as categorias de todas as batalhas humanas. Fornece-nos ainda um modo de interpretar todos os problemas psiquiátricos ou psicológicos, os quais, em geral, são significativamente influenciados pelo corpo e pelo cérebro. Também explica por que nos sentimos mais plenos durante o culto na igreja, cantando hinos e louvores — isso abrange os domínios mais remotos de nossa alma ou coração.[1]

---

1 Isso nos faz lembrar que há outras palavras usadas para coração.

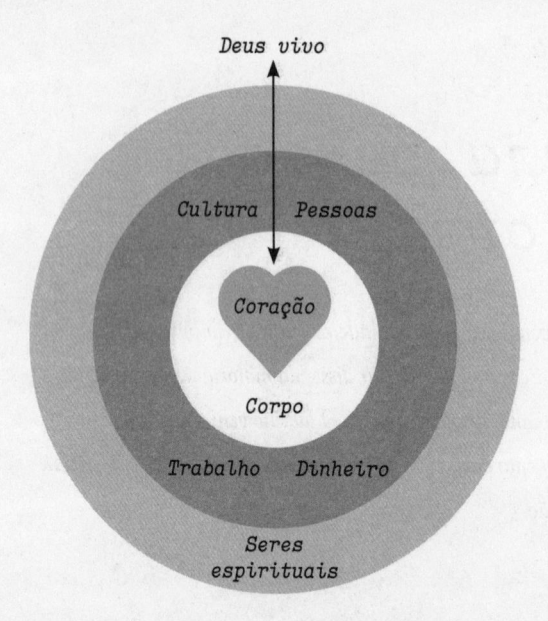

```
            Deus vivo
               ↕
        ┌──────────────┐
      Cultura    Pessoas
           Coração
            ♥
           Corpo
      Trabalho   Dinheiro
           Seres
        espirituais
```

Tenha em mente que Jesus Cristo não sustenta apenas nossa vida espiritual, como se o *espiritual* fosse algo distinto de nossos pensamentos, emoções ou relacionamentos. Em vez disso, toda a vida é espiritual, na medida em que Cristo é nosso conforto, perdão, honra, justiça, poder e esperança. A própria estrutura de nosso ser torna o conhecimento de Jesus e nossa confiança nele o centro do coração humano; e apenas quando descansamos em Jesus podemos verdadeiramente florescer como seu povo.

Munidos dessas noções básicas, desejamos extrair cada vez mais aplicações que nos orientem em conversas sábias e úteis.

Seja pessoal e ore — essas são duas habilidades que desejamos dominar.

Seja pessoal

Eis aqui algo verdadeiro e precioso: Deus é pessoal, assim como nós também somos pessoais para com ele e uns para com os outros.

Pessoal significa que Deus se aproxima de seu povo. Ao se aproximar, ele fala conosco e nos convida a responder; e, ao lhe respondermos, ele ouve. Isso significa que ele ouve e, de fato, é influenciado pelo que dizemos. Podemos pensar nisso como se fôssemos convidados para sua casa, onde ele fala francamente e com amor, oferecendo o melhor da divina hospitalidade. Tudo isso já é quase impossível de conceber, mas ele ainda nos convida a falar sobre o que é importante para nós; e, ao falarmos, ele se envolve, interage e não se distrai.

Poderíamos chamar isso de companhia, ou até mesmo de comunhão.

A vida de Jesus na terra é evidência da comunhão pessoal de Deus conosco. Ele falou, ouviu e foi movido pelo que viu e ouviu. Cada menção de sua compaixão e misericórdia é evidência de que ele é o Deus pessoal. Pense de novo em sua conversa com a mulher samaritana (Jo 4.1-42). Ele foi atrás dessa mulher marginalizada, envolveu-se na mais longa conversa registrada no Novo Testamento e se revelou a ela como o Cristo. Ele se aproximou dela como servo, amigo e Deus.

Em resposta a isso, nosso auxílio também é pessoal. Somos uma combinação de servos e amigos que, como servos, damos prioridade aos interesses dos outros, e, como amigos, acolhemos pessoas, desfrutamos delas, carregamos seus fardos e até mesmo compartilhamos o que está em nosso próprio coração.

Nós desfrutamos das pessoas e das coisas boas que elas recebem:

"Estou tão feliz por você!"
"Vamos comemorar juntos!"
"Que grande dádiva! Isso é simplesmente maravilhoso!"

Também desfrutamos das pessoas e das coisas boas que emanam do coração delas:

"Sua sinceridade ao falar de sua vida tem sido, para mim, uma grande lição sobre a graça!"
"Muito obrigado por sua preocupação comigo. Isso me faz lembrar que não estou só."
"Admiro ver a paciência e a bondade com que você trata seus filhos."

Temos compaixão e dividimos seus fardos e sofrimentos:

"Sinto muito."
"Isso parece tão difícil! Você pode me falar um pouco mais?"
"Você está no meu coração."

Também nos alegramos com os que se alegram e choramos com os que choram (Rm 12.15) porque, quando assim agimos, refletimos o caráter de Deus.

A regra para ser pessoal é dizer *alguma coisa* quando os tesouros escondidos de alguém lhe são revelados. Não precisa ser muito. O que norteia nossas respostas é a regra de ouro (Mt 7.12)[2] e a humildade. A regra de ouro indaga: "Quais coisas outras pessoas *me* disseram que foram úteis e encorajadoras?". A humildade, por sua vez, pergunta: "O que pode ajudar e encorajar *você*?". Quando não sabemos o que dizer, pedimos ajuda.

---

2 "Tudo quanto, pois, quereis que os homens vos façam, assim fazei-o vós também a eles; porque esta é a Lei e os Profetas."

Como uma variação da regra de ouro, você também pode levar em conta coisas ditas que se mostraram *inúteis* para você e para outras pessoas. Por exemplo, quase sempre é inútil dar conselhos a alguém atribulado, a menos que a pessoa atribulada lhe peça. Conselho é o que *nós* faríamos no lugar do outro, ainda que talvez nunca estejamos naquela situação. Quase sempre isso soa professoral e demonstra falta de compaixão. Raramente é pessoal. Portanto, guarde seu conselho para si, a menos que lhe seja solicitado.

Falar sobre *sua própria vida* também pode ser inútil, ao menos no início:

"Sério? Minha mãe também teve Alzheimer."
"Eu também fico deprimido às vezes. No ano passado, fiquei muito mal por causa de..."

Sua intenção pode ser estimular a pessoa a se abrir e, em alguns relacionamentos, esses comentários podem funcionar. Mas também podem desviar o assunto, daquilo que está no coração da outra pessoa para o que está em seu próprio coração. Então, se você optar por contar uma história semelhante, certifique-se de retomar o que está acontecendo com a outra pessoa.

Ore

Uma maneira segura de ser pessoal é orar. Isso demonstra que alguém está em nosso coração. A oração une nosso conhecimento dos outros, nosso amor por eles e nosso conhecimento de Deus e de suas promessas.

Pode suceder assim: você se aproxima de uma pessoa nova depois do culto. Você a cumprimenta e pergunta sobre ela. Em resposta, recebe uns poucos fatos — onde trabalha, onde mora, há quanto tempo reside ali. Ela menciona que está mudando de emprego.

Na semana seguinte, você ora por ela algumas vezes. Da próxima vez que a encontra, você pergunta sobre a busca por um novo emprego. Quando ela responde que está estagnada, você pergunta um pouco mais — quais trabalhos ela já teve, em que gostaria de trabalhar. E, então, você ora:

"Puxa, que coisa! Como posso orar por você?"
"Ore para que eu encontre logo um trabalho."
"Posso orar por você agora?"

Você está indo mais fundo no coração e nos assuntos que mais importam a ela. Outras questões, então, surgem:

"Você tem novas ideias sobre em que trabalhar?"

Algumas perguntas mais abrangentes podem ser feitas:

"Qual igreja você frequentava antes?"

Nesse ínterim, você está sempre atento ao que é mais importante. Você está atento às afeições e às emoções dessa pessoa.

Ao ler a Escritura, você observa passagens que podem guiá--lo a como orar por ela. Você lhe fala sobre essas passagens e pergunta se há outras importantes para ela. Você, então, a convida para integrar um pequeno grupo, no qual outros poderão conhecê-la e vice-versa.

Aqui estão os aspectos essenciais do auxílio e do cuidado:

Seja pessoal — ou seja, aproxime-se das pessoas, conheça-as, seja movido por aquelas coisas que são importantes a elas.

Ora pelas pessoas e com elas — o melhor cuidado é capaz de identificar as necessidades em nossa vida que podem ser supridas apenas em Jesus Cristo. Essas são nossas necessidades mais profundas e importantes.

Ao ser convidado para a vida de outra pessoa, existem muitas questões e problemas a considerar:

"O que eu faço com minha filha iracunda?"
"Meu marido me bateu esta semana. O que devo fazer?"
"Eu me sinto um fracasso em todas as áreas."

Você não precisa saber todas as respostas. A humildade e o amor desejam conhecer mais, então você pergunta mais. Você pergunta o que tem sido útil e o que tem sido inútil. Você pensa sobre como orar. E sempre há mais auxílio disponível no corpo de Cristo como um todo, de modo que vocês buscam auxílio juntos.

Discussão e respostas

1. Quando você foi abençoado pelas respostas pessoais de outros? Em outras palavras, quando foi que alguém o encorajou ao realmente ouvir e prestar atenção em você?

2. Uma das revelações mais chocantes do caráter de Deus ocorre quando, em resposta às afeições oscilantes de Israel, o Senhor diz: "Meu coração está comovido dentro de mim, as minhas compaixões, à uma, se acendem" (Os 11.8).

   Um coração "comovido" não é um coração que *abandona*. Isso significa que o coração de Deus é poderosamente movido e despertado em favor de seu povo. Deus é movido por seu povo; nós também desejamos ser movidos pelas alegrias e sofrimentos daqueles a quem amamos. Quando pensamos no fato de que Deus é movido por nós, esperamos nos tornar ainda mais sensíveis em relação às outras pessoas. Como essas realidades afetam a maneira como você ora?

3. Pode ser difícil avançar da etapa de conhecer as pessoas para orar com elas, face a face. Por que isso ocorre? Como você espera crescer na prática de orar com as pessoas?

4. Separem algum tempo para orar juntos.

Lição 6

Converse sobre sofrimento

Sofrimento e aflições estão por toda parte e, em contrapartida, a Escritura fala às nossas tribulações em praticamente cada página. A narrativa do êxodo encabeça esse caminho.

Uma vez que muitas de nossas conversas são sobre aflições, desejamos saber mais sobre o que Deus diz àqueles que sofrem. A maioria de nós já pensou sobre essas coisas. Todos temos algumas ideias acerca do que Deus diz. Nosso interesse aqui é refinar esse conhecimento e ampliá-lo.

Por onde começamos?

Algumas de nossas lutas são claramente identificadas na Escritura. Por exemplo, se procurarmos por "temor" ou "ansiedade" numa concordância bíblica, imediatamente encontraremos centenas de passagens à disposição. Mas o que fazemos quando a Escritura não identifica claramente um problema específico? Ela parece relativamente silenciosa quanto ao número cada vez maior de diagnósticos psiquiátricos, os quais são um assunto importante para muita gente. Em resposta a isso, temos de buscar o auxílio de outras pessoas sábias e continuar a ouvir atentamente aqueles que enfrentam essas lutas. E, quando fazemos isso, observamos dois pontos:

1. As aflições são singulares. Não existem duas formas de sofrimento idênticas entre si.
2. As aflições têm algo em comum. Elas são dolorosas e podem nos fazer sentir que estamos no fim da linha. Essa é a razão pela qual um único salmo pode falar de tantas tribulações diferentes.

Eis aqui uma história que expõe amplamente a miséria humana. Ela não identifica todos os ataques que somos passíveis de sofrer, mas apresenta uma história-mestra para nos guiar.

A história do deserto

A narrativa do êxodo começa com a compaixão e o livramento de Deus: "os filhos de Israel gemiam sob a servidão e por causa dela clamaram, e o seu clamor subiu a Deus. Ouvindo Deus o seu gemido" (Êx 2.23-24). O Senhor, então, mostrou seu grande poder sobre o Egito e conduziu o povo para fora. O plano era caminhar pelo deserto até a Terra Prometida, mas a jornada pelo deserto se tornou mais longa e difícil do que o previsto.

O deserto é árduo. Nós respondemos com compaixão.
O deserto é, de fato, um lugar de privação e impotência. Se, alguma vez, você se sentiu assim em suas tribulações, essa história é sua. O deserto faz sentir como se tudo estivesse perdido

e você não pudesse dar um passo adiante. Existem ameaças por toda parte. Como pessoas que desejam auxiliar umas às outras, os desertos atravessados por aqueles a quem amamos hão de despertar nossa compaixão. Choramos com aqueles que choram, aproximamo-nos deles e oramos para que sejam fortalecidos.

Há mais no deserto além das aflições

As coisas não são exatamente o que parecem. Embora nossos sentidos nos digam que estamos sozinhos, o Senhor está lá e, por ser ele a fonte da vida, vida brotará até mesmo de uma terra morta. É nesse deserto que a água sai da rocha e o maná aparece a cada manhã.

Também é ali que o Senhor prova e treina seu povo real, para que eles possam enxergar o que verdadeiramente há em seus corações e possam subir com maturidade e sabedoria às cortes reais (Dt 8.1-3; Tg 1.2-5). A provação vai até as profundezas de nossa alma: vamos crer e confiar nele mesmo quando as circunstâncias que nos cercam parecerem medonhas?

No teste original do deserto, o povo se esqueceu de Deus; eles murmuraram contra ele, o que é uma maneira de menosprezá-lo; eles tiveram saudades do Egito; e buscaram auxílio à parte do Senhor. Muitas vezes, repetimos a jornada deles e, quando a vida está difícil, confiamos no que nossos sentidos dizem mais do que no que Deus diz.

Em resposta à nossa fidelidade inconstante, o próprio Jesus entrou no deserto. Acontece que a jornada do deserto, que é o caminho pelo qual Deus conduz seu povo real, também é o caminho do rei Jesus (Mt 4.1-11). Depois dos muitos fracassos humanos no deserto, nosso capitão assumiu a partir do ponto em que fracassamos. Mas seu caminho foi diferente. Enquanto Israel teve o maná, Jesus foi sustentado apenas pelas palavras de seu Pai, em vez do pão. Enquanto Satanás estava pelas sombras durante a jornada do êxodo, assumiu pessoalmente a batalha e concentrou todo o seu arsenal espiritual contra o enfraquecido Messias. Não obstante, as estratégias dele eram familiares: "Os caminhos de Deus não são bons. Confie em si mesmo, confie em mim, confie em ídolos mortos". Quando a tribulação vem, podemos estar certos de que ouviremos as mentiras de Satanás levantando dúvidas acerca da generosidade, do amor e da fidelidade do Senhor.

Nosso Rei, voluntariamente, andou por esse lugar mais terrível, onde creu nas palavras de seu Pai e as recitou. Aquelas palavras eram sua comida e sua satisfação. Elas eram tudo de que ele precisava para ser fortalecido e ter êxito, e seu êxito mudaria tudo.

Em outras palavras, em nosso próprio deserto, devemos ansiar por olhos capazes de contemplar Jesus.

O deserto é uma oportunidade para a fé

Agora, entramos na história do deserto sabendo que Jesus já foi vitorioso e nos deu o Espírito, para fazermos o que antes não poderíamos fazer. Podemos nos voltar para o Senhor, em vez de para longe dele, durante as tribulações intensas.

Essa nova história é para todos nós — aqueles familiarizados com estresses pós-traumáticos, traumas, agressões e abusos, perdas e temores. Também é a história fundamental para a tentação, então é basilar para lidar com todo vício. Nossa tarefa é habitar nela e fazer dela nossa própria história.

Veja o que acontece quando o êxodo se torna a *nossa* história. Ela começa com *nossa* liberdade da escravidão. "Eu sou o SENHOR, teu Deus, que te tirei da terra do Egito, da casa da servidão" (Êx 20.2). De algum modo, Deus ouviu nossos gemidos, mesmo que não estivéssemos ainda clamando por ele. Ele demonstrou seu poder sobre Satanás e determinou que nós pertenceríamos a ele.

Uma vez que nosso Rei foi conduzido a lugares desolados, podemos estar certos de que também nós, que seguimos o Rei, seremos levados a aflições. Lá no fundo de nossa mente, achamos que um bom pai deveria proteger da aflição. Podemos até ralar o joelho e crer que ele ainda nos ama. Mas que pai deixaria seu filho passar por abusos vergonhosos? É difícil responder a essa questão, mas sabemos disto: o Pai amou seu Filho perfeito, o qual enfrentou o pior do sofrimento e da vergonha, então certamente também nos ama — a nós, que fomos unidos ao seu Filho pela fé. Também podemos confiar que o Pai é o reto juiz e que endireitará as coisas. Essa confiança sustentou Jesus em meio à sua humilhação: "Pois ele, quando ultrajado, não revidava com ultraje; quando maltratado, não fazia ameaças, mas entregava-se àquele que julga retamente" (1Pe 2.23). Podemos partilhar dessa mesma confiança.

Aflições virão.
Jesus foi adiante de nós, em meio às aflições, e ele nos conhece.
O amor do Pai nos segue em nossas aflições.
A justiça do Pai, que silenciará todos os criminosos e restaurará o seu povo, nos é assegurada.

Jesus está conosco agora, pelo seu Espírito, e prepara um lugar para nós na terra prometida. Havendo derrotado Satanás, perdoado nossos pecados e sendo exitoso na jornada pelo deserto em nosso favor, ele nos guia pelo deserto até o nosso lar, junto dele. Ao perseverarmos, confiando nele, ele nos fortalece em nossas fraquezas. Com isso, trazemos honra ao seu nome.

Clame ao Senhor

A primeira e principal maneira de expressar essa confiança — ou a força na fraqueza — é simplesmente dizendo a ele:

> Das profundezas clamo a ti, SENHOR.
> Escuta, Senhor, a minha voz;
> estejam alertas os teus ouvidos
> às minhas súplicas (Sl 130.1-2).

Isso está entre as coisas mais fáceis e mais difíceis de fazer. As crianças podem fazer isso, mas é preciso haver uma combinação sofisticada de reconhecimento das necessidades humanas e de confiança pessoal em Jesus. No princípio, pode parecer bastante artificial. Pode soar como linguagem infantil. Porém, é muito mais do que isso, pois é o Espírito de Deus que nos dá palavras para falar. Essas palavras são honestas, francas, permeadas de indagações, e se seguram, às vezes sem muita força, em Jesus Cristo e no que ele fez.

A Escritura — a comunicação pessoal de Deus conosco — fala conosco em nossa miséria. Embora ela possa não identificar a exata natureza de nosso deserto, uma vez que tenhamos identificado nossas batalhas específicas como *sofrimento*, a Palavra de Deus tem muito a dizer.

Discussão e respostas

1. Há alguma passagem específica da Escritura sobre o sofrimento que se tenha tornado especialmente significativa para você?

2. Você consegue relacionar a história do deserto a problemas modernos como a depressão, outros problemas que sejam tratados com medicamentos ou outras batalhas que sejam difíceis de encontrar na Escritura? A história do deserto abarca todos os tipos de aflições, inclusive aquelas que procedem de irregularidades no cérebro ou no corpo. Entre as forças dessa narrativa, está o fato de que não precisamos conhecer a causa específica do problema para habitar nessa história; ela aceita todos os tipos de tribulação.

3. Como você pode orar por alguém, usando a história do deserto? Aqui estão algumas das realidades espirituais colhidas da história-mestra do êxodo e que podem guiá-lo:[1]

- A vida é dura. O Filho sofreu e aqueles que seguem o Filho vão sofrer (1Pe 4.12).
- Fale honestamente e com frequência ao Senhor. Isso é fundamental. Simplesmente fale, gema, peça que alguém leia um salmo para você e diga um fraco "Amém".
- Anseie por conhecer melhor a Deus enquanto estiver passando por esse deserto (Fp 3.10-11).
- Todos os olhos em Jesus. Ao examinar a Escritura, fite os olhos no Servo Sofredor. Ele participou de nosso sofrimento e você também pode participar do sofrimento dele (Is 39-53; Jo 10-21).
- Viva pela fé; veja o invisível (Hb 11.1). A visão natural não é suficiente. Seus olhos lhe dirão que Deus está distante e em silêncio. A verdade é que ele está perto — invisível, mas perto. Ele tem uma afeição singular pelos que sofrem. Então, busque auxílio para edificar sua visão espiritual. Examine a Escritura. Recrute outras pessoas para auxiliar, orar e lembrar você da verdade. Peça ao Deus de consolação para consolar você.
- Deus é Deus (Jó 38-42); nós somos seus filhos que não entendem os detalhes de seus caminhos (Sl 131; Is 55.8). Ter humildade perante o Rei pode aquietar algumas de nossas indagações.

---

[1] Adaptado de Ed Welch, "10 Things to Do During Suffering", Site do CCEF, 25 mar. 2014, acessado em 6 nov. 2017, https://www.ccef.org/resources/blog/ten-things-do--during-suffering.

- Busque auxílio. Fale com aqueles que já sofreram; leia os livros deles e os ouça. Você não está sozinho.
- Confesse o pecado. Isso não significa que o pecado seja necessariamente a causa do sofrimento. Significa apenas que o sofrimento põe à prova nossas lealdades, e elas podem provar-se mais divididas do que pensávamos (Tg 1.2-4). Além disso, a confissão é um aspecto regular da vida diária. Ela nos ajuda a ver a cruz de Jesus mais claramente e é o caminho mais rápido para ver o persistente e abundante amor de Deus (Hb 12.1-12).
- Olhe para o futuro. Precisamos de visão espiritual para o que está acontecendo agora e para onde o universo está caminhando. Estamos numa peregrinação que termina no templo de Deus (Sl 23.6; 84.1-4).

Todas essas realidades espirituais não têm a pretensão de nos dar uma resposta a todas as perguntas. Tanto nosso sofrimento como o sofrimento dos outros nos conduzem à humildade, na qual ansiamos ser mais como crianças do que como professores. Mas elas nos fazem lembrar que Deus fala sobre nosso sofrimento e aos que sofrem.

Lição 7

Converse sobre pecado

Conversas sábias vão abordar o assunto do pecado. Embora preferíssemos evitar esse tópico, sabemos que todos lutamos contra o pecado e que todos precisamos do auxílio uns dos outros. Assim como ocorre em relação ao sofrimento, oferecemos esse auxílio com muita cautela.

Em geral, damos atenção, em primeiro lugar, aos prazeres e às dores. Então, com frequência, testemunhamos uma discreta, porém persistente, perseverança na fé em Jesus. Quando vemos isso, somos abençoados e consideramos meios de encorajar as outras pessoas nessa perseverança. Mas também é possível que vejamos dúvidas, lutas na fé e pecado.

Sentimos que as circunstâncias difíceis da vida são o nosso problema mais urgente. Nossas lutas na fé e o ato de seguir Cristo em obediência são ainda mais importantes. O sofrimento, porém, não pode nos separar do Senhor, mas um coração endurecido e o pecado obstinado quebram nosso relacionamento com Deus. Eles terminam por nos separar uns dos outros e, se não forem enfrentados, levarão, enfim, a uma miséria que supera em muito nossas aflições do presente.

Uma vez que somos santos que pecam, como podemos conversar sobre o pecado com aqueles que caíram nele?

Veja o que há de bom
Tenha em mente esta regra geral: primeiro falamos sobre as coisas difíceis e as coisas boas, antes de falarmos sobre as más. Por exemplo, o apóstolo Paulo escreveu sobre pecados graves à igreja em Corinto; contudo, ele começa com o que havia de bom:

> Sempre dou graças a [meu] Deus a vosso respeito, a propósito da sua graça, que vos foi dada em Cristo Jesus; porque, em tudo, fostes enriquecidos nele, em toda a palavra e em todo o conhecimento; assim como o testemunho de Cristo tem sido confirmado em vós, de maneira que não vos falte nenhum dom (1Co 1.4-7).

Com isso, Paulo indica quanto sua vida está imersa em Jesus e como o Pai o identifica, antes de tudo, como um santo. Nós queremos seguir esse exemplo.

Todos nós pecamos
Mas somos santos que pecam. Este tempo em que vivemos — muito após o sacrifício de Cristo pelos pecados e seu envio do Espírito a nós — não está livre do pecado. É uma época livre da condenação e cheia de perdão, na qual não somos mais escravos do pecado e somos libertos e fortalecidos para lutar contra

ele. Mas não é livre do pecado. Ainda podemos organizar nosso mundo em torno de nossos próprios desejos egoístas; podemos crer no que sentimos mais do que no que Deus disse e fez em Jesus Cristo; e podemos fazer pouco-caso de sua santidade, beleza e poder.

Assim, falamos sobre o pecado "com toda a humildade e mansidão, com longanimidade, [suportando-nos] uns aos outros em amor" (Ef 4.2). Falamos sobre nosso próprio pecado e sobre o pecado daqueles a quem queremos ajudar, e desejamos que essas conversas sejam boas. Não que o pecado em si seja bom, mas, de fato, somos abençoados quando somos capazes de *ver* nosso pecado.

Ao vermos nosso pecado, somos mais gratos pelo perdão dos pecados, pois compreendemos que fomos perdoados de muita coisa, ao passo que "aquele a quem pouco se perdoa, pouco ama" (Lc 7.47).

Ao vermos o pecado, estamos perto da luz. Apenas quando *não* vemos nosso pecado deveríamos suspeitar de nosso coração.

> Se dissermos que não temos pecado nenhum, a nós mesmos nos enganamos, e a verdade não está em nós (1Jo 1.8).

Nosso objetivo é contribuir para uma comunidade em que seja cada vez mais natural falar sobre o pecado e pedir auxílio uns dos outros.

Maneiras de falar sobre o pecado

O pecado se torna público de três maneiras distintas: alguém pode confessá-lo, nós podemos vê-lo ou podem nos contar sobre ele. Cada uma dessas maneiras exige respostas diferentes. Por exemplo, uma pessoa que confessa já está na batalha contra o pecado. Mas uma pessoa que é flagrada nele pode ainda não ter entrado na batalha. Você deve ajustar sua abordagem de acordo com a honestidade e a autoconsciência da outra pessoa. A seguir, estão algumas maneiras de abordar o assunto.

Fale alguma coisa

As primeiras palavras são as mais difíceis. Quando você não tiver a menor ideia do que dizer, seja honesto:

> "Você tem estado em meu coração. Realmente me alegrei com sua disposição de falar sobre sua luta contra a pornografia, mas fiquei preocupado com a possibilidade de as pessoas o deixarem sozinho. Poderíamos conversar sobre isso?"
>
> "Naquele dia, você me disse algo que não sai da minha cabeça. Aquela ocasião em que você se irou com sua esposa. Poderíamos conversar a esse respeito?"
>
> "Sei que você tem andado muito ocupado no trabalho e tem viajado mais do que o normal. Isso me fez pensar em como minhas próprias lutas com a tentação se tornam mais severas quando há poucas pessoas que me conhecem ao redor. Como você tem lidado com suas tentações enquanto está viajando?"

Se você tem evidências claras de atos pecaminosos, seja específico. Se você tem apenas preocupações ou indagações, simplesmente traga-as à tona, sem acusar. Isso tudo pode ser difícil, mas, quando lamentamos algo, geralmente é o fato de *não* termos dito nada.

Mais "nós" do que "você"

Certo homem experimentou uma virada em sua luta contra as drogas ilícitas quando sua esposa, após descobrir que ele as havia usado de novo, indagou-lhe: "O que *nós* faremos agora?". Em outras palavras: "Como lutaremos contra isso juntos?". Em resposta ao pecado de seu marido, ela se aproximou ainda mais. Isso deu início a um processo que envolveu um plano deliberado, anos de sobriedade e um relacionamento cada vez mais forte.

"Estamos nisso juntos." Isso pode significar que você, embora não entenda plenamente a natureza do pecado do outro, estará bem próximo dele, com paciência e bondade, em meio à batalha. Pode significar também que você *de fato* entende seu pecado, porque, igualmente, luta contra uma de suas variações. Seja qual for o pecado que veja nos outros, uma breve investigação geralmente revelará que você também está vulnerável ao mesmo tipo de pecado. Sua versão pode parecer diferente, mas procede dos mesmos desejos transgressores.

Mais perguntas do que exortações

Ao falar com pessoas surpreendidas no pecado, Jesus geralmente faz perguntas. "Por que vocês estão pensando essas coisas?" "É lícito nos sábados fazer o bem ou fazer o mal?" (Mc 3.4). "Podeis fazer jejuar os convidados para o casamento, enquanto está com eles o noivo?" (Lc 5.34). Essas perguntas geralmente unem dois propósitos. Primeiro, Jesus está nos convidando a pensar um pouco. O pecado tende a parecer menos atraente quando é examinado de perto. Segundo, Jesus está nos convidando para uma conversa. Ele está fazendo perguntas para obter respostas. "Vinde, pois, e arrazoemos", essa é a maneira mais comum de o Senhor abordar nosso pecado.

Uma das perguntas que podemos fazer é: "Como posso ajudar?".

O pecado é pessoal

O pecado sempre diz respeito a Deus, quer estejamos cônscios disso, quer não. Ele está inclinado à independência. Quando ficamos irados, nossa ira não é *conscientemente* sobre Deus, mas é sobre Deus (Tg 4.1-4). Mesmo nossas reclamações e murmúrios são sobre Deus, pois dizem: "O que fizeste por mim recentemente?". Isso é fazer pouco-caso de Deus (Nm 14.11).

Conhecer tanto nossos corações como o Senhor nos traz clareza:

1. Sabemos que nosso pecado é primariamente contra Deus e o confessamos, como faríamos em qualquer relacionamento.
2. Sabemos que nosso Senhor é rápido em perdoar.
3. Dispomo-nos a conhecer melhor Jesus. Talvez não o conheçamos nem o amemos tanto quanto pensávamos. Talvez tenhamos pensado que o Senhor é um guarda à espreita da menor infração e, nós, ao contrário, temos procurado maneiras de nos esquivar do jugo de uma lei após a outra. Então, confrontamos cada um desses mitos remanescentes com o conhecimento verdadeiro de Jesus, que nos amou quando éramos seus

inimigos, e nos dispomos a desfrutar dele mesmo e de sua divina hospitalidade. Qualquer outra coisa terminará numa vida sem sentido, miserável e com novas quedas no pecado.

Termine a confissão com gratidão

O perdão do Senhor pode parecer bom demais para ser verdade. Nosso instinto nos diz para, depois da confissão, nos exilarmos e nos reformarmos, a fim de que sejamos aceitos por nosso Pai. Mas tenha em mente a história do filho pródigo (Lc 15.11-24). Nosso Pai é simplesmente inclinado a perdoar. Isso o distingue de todos os deuses inventados de toda a humanidade. Ele está ávido para nos perdoar diante do menor sinal de que reconhecemos nosso pecado e culpa (Jr 3.3).

A mentira de Satanás sugere que Deus é como um mero humano e que sua graça e seu amor são limitados e mesquinhos. Que nunca sejamos enganados por tais mentiras! Somos um povo que foi amado mesmo quando se opunha ao Senhor; descansamos no perfeito sacrifício de Jesus; confiamos na presença e no poder do Espírito; e podemos ter centelhas de alegria na vida diária.

Podemos resumir o processo da seguinte maneira: após confessar, termine com "obrigado". Quando dizemos isso, confrontamos as mentiras de Satanás e nosso próprio sentimento de que a graça é para as outras pessoas, mas não para nós.

Você consegue imaginar uma comunidade na qual podemos confessar nossos pecados uns aos outros e responder a essas confissões e apelos com humildade, gentileza, paciência e oração?

Discussão e respostas

1. Alguém já falou com você de maneira proveitosa sobre seu pecado? Como essa pessoa fez isso? Alguém já falou com você sobre seu pecado de maneira vã? Por que isso não ajudou você?

2. Eis aqui uma pergunta para reflexão pessoal, e não para discussão em grupo. Um objetivo para todo o povo de Deus é ser capaz de identificar uma área de pecado e perceber como esse pecado é pessoal. Você consegue nomear uma dessas áreas? Você confessa o pecado? Você termina com gratidão? Você consegue falar sobre isso publicamente? Identificar nosso próprio pecado nos mantém voltados para a vida e promove humildade e paciência à medida que vamos falando a respeito com outras pessoas. Se existe um pecado escondido, com quem você vai falar sobre ele?

3. Não vamos falar com outras pessoas sobre o pecado delas o tempo todo. Falaremos sobre coisas boas e coisas difíceis com muito mais frequência. Mas, quando as amamos, haverá momentos em que falar sobre o pecado e as tentações será o assunto do dia. Os pais fazem isso com seus filhos. Esperamos fazer isso melhor uns com os outros. Você tem preocupações quanto a isso? De que maneira particular você espera crescer nessa área?

Lição 8

Lembre-se e reflita

Este livro identificou aspectos ordinários do envolvimento de uns para com os outros. Não há nada de novo aqui. O propósito é lembrar e extrair aplicações do evangelho de Jesus Cristo. Nisso, porém, o próprio poder de Deus é exibido ainda mais e a igreja recebe força e unidade.

Nós nos dispusemos a "**desempenhar o serviço**" que é essencial para uma igreja em plena operação; e nos dispusemos a fazê-lo "com toda a humildade e mansidão, com longanimidade, [suportando-nos] uns aos outros em amor" (Ef 4.2). Desempenhamos essa tarefa um passo de cada vez, sendo um pouco mais atentos nas conversas diárias, um pouco mais confiantes em que o Senhor usa pessoas comuns. Simplesmente nos aproximamos de uma pessoa, depois de outra, conhecendo-as, enxergando boas coisas, levando seus fardos, orando por elas e com elas. Quem diria que, em tudo isso, estamos contribuindo para a unidade, a proteção e o crescimento da igreja?

> [O Senhor] concedeu uns para apóstolos, outros para profetas, outros para evangelistas e outros para pastores e mestres, com vistas ao aperfeiçoamento dos santos para o desempenho do seu serviço, para a edificação do corpo de Cristo, até que todos cheguemos à unidade da fé e do pleno conhecimento do Filho de Deus, à perfeita varonilidade, à medida da estatura da plenitude de Cristo, para que não mais sejamos como meninos, agitados de um lado para outro e levados ao redor por todo vento de doutrina, pela artimanha dos homens, pela astúcia com que induzem ao erro (Ef 4.11-14).

Para tudo isso, precisamos de poder, e foi exatamente o que recebemos — ou, poderíamos dizer, foi exatamente *quem* recebemos. Uma vez que iniciamos uma jornada que é "nele", com Jesus e para Jesus, e uma vez que a vida com Jesus agora é vivida em seu Espírito e por meio dele, contamos com poder para reviver nossa alma — poder na fraqueza, mas, ainda assim, poder. Esse poder é inevitável quando clamamos a ele por auxílio e amor, em seu nome. Esse poder é demonstrado quando, por meio de nosso cuidado mútuo, gradativamente amadurecemos e nos tornamos menos propensos a ser "agitados de um lado para outro e levados ao redor" pelo falatório pouco bíblico que sempre nos circunda.

Estas mensagens estão por toda parte. Em geral, buscam solapar a extensão do amor do Senhor ou nossa necessidade dele:

> "Você não é bom o bastante. Não é de surpreender que enfrente tantas aflições na vida. Você deveria crer mais. Você precisa se esforçar mais."

Nós nos opomos a isso quando nos lembramos, juntos, do Deus que tomou a iniciativa de se aproximar de nós, que nos convida a clamar por ele e que ama não porque somos muito amáveis, mas porque ele é amor.

Há uma segunda mensagem tão perigosa quanto aquela:

> "Você é bom o bastante. Apenas creia em si mesmo. Jesus lhe dará as coisas que você deseja."

Em resposta, lembramos uns aos outros que, assim como Israel precisava do maná diariamente, nós precisamos de sua graça perdoadora e fortalecedora — sua própria presença — diariamente. E o caminho em que andamos não nos levará necessariamente a um prestígio cada vez maior entre nossos próximos, nem nos colocará no primeiro lugar de tudo. Tal caminho apenas alimentaria o orgulho e a independência, em relação aos quais esperamos a mortificação. Em vez disso, seguimos Jesus, o crucificado, e teremos aflições. Contudo, de alguma maneira, mesmo nas aflições, ainda provaremos do banquete celestial que verdadeiramente satisfaz nossa alma.

Não é interessante que a maturidade, que nos torna menos suscetíveis a esses mitos, vem à medida que crescemos como filhos de Deus? Como seus filhos, abrimos nosso coração ao nosso Pai e permanecemos no firme fundamento de Jesus, o qual é nossa paz, aceitação e poder. Isso nos reconduz ao princípio. Para edificar sua igreja, Deus usa pessoas comuns, com suas conversas cada vez mais sábias, espontâneas e dependentes de Deus. Essas conversas não dependem de nosso brilhantismo para se revelar úteis; elas dependem de Jesus, de seu poder, de nossa fraqueza e de nossa humilde resposta a ele.

Ao crescermos nesse cuidado espiritual uns pelos outros, de fato ouviremos relatos de lutas humanas muito mais intensas e complicadas do que imaginaríamos possíveis, e podemos nos sentir como crianças incapazes, e não como filhos dependentes. Ouviremos sobre assuntos de vida e morte. Ouviremos histórias que, a princípio, nos parecerão estranhas. Certamente *ansiamos* por ouvi-las, pois sabemos que essas lutas estão por toda parte. E, ao fazermos isso, seremos movidos pelo que ouvimos, oraremos com a pessoa e por ela, e *buscaremos auxílio*. Sabedoria, humildade e amor buscam o auxílio de quem tem mais experiência do que nós — pastores, amigos que passaram por problemas semelhantes e auxiliadores profissionais. Isso é a igreja trabalhando em conjunto.

Tudo começa com pequenos passos na direção dos outros; tudo começa com viver *juntos* uns dos outros.

Discussão e respostas

1. Como você resumiria essas oito lições com suas próprias palavras?

2. O que mudou em suas conversas como um resultado desse estudo?

3. A humildade busca auxílio. Você consegue imaginar como uma conversa confusa com outra pessoa poderia naturalmente levar vocês dois a buscar mais auxílio? Quando você faria isso?

4. O que vem depois? O que ajudaria você a crescer nessas conversas sábias e proveitosas? Como você almeja crescer na condição de filho de Deus?

FIEL
Editora

O Ministério Fiel visa apoiar a igreja de Deus, fornecendo conteúdo fiel às Escrituras através de conferências, cursos teológicos, literatura, ministério Adote um Pastor e conteúdo online gratuito. Disponibilizamos em nosso site centenas de recursos, como vídeos de pregações e conferências, artigos, e-books, audiolivros, blog e muito mais. Lá também é possível assinar nosso informativo e se tornar parte da comunidade Fiel, recebendo acesso a esses e outros materiais, além de promoções exclusivas.

Visite nosso site

www.ministeriofiel.com.br